Kinder *fantasievoll* schminken

Die schönsten Ideen
für Karneval & Kinderfeste

René Reiche
Bettina Wilberg

christophorus

INHALT

SCHMINKHITS FÜR KIDS

Ob an Kindergeburtstagen oder beim Fasching: Kinder lieben es, geschminkt zu werden. Zum Teil wollen sie sich einfach nur hübsch machen mit bunten Augenmasken, zum Teil verwandeln sie sich mit der Maske in eine kleine Katze, einen lebendigen Roboter oder einen furchtlosen Indianer.

Einige Motive sind auch schon für die ganz Kleinen geeignet, so die grüne Raupe, der Blumenclown, der Fratz und der Frechdachs. Aber auch größere Mädchen und Jungen werden sicher eine Maske finden, die ihnen gefällt.

Auf den Seiten 6 und 7 gibt es grundsätzliche Informationen und viele Tipps, um die Masken nachschminken zu können. Detaillierte Arbeitsfotos helfen dabei, das Motiv so perfekt wie möglich zu malen. Sie werden erstaunt sein, wie einfach es ist, Ranken und Tiere zu zaubern.

Farben, Glimmer und Pinsel sind in vielen Hobbyfachgeschäften erhältlich. Sollten Sie Fragen haben oder etwas nicht bekommen, so helfen Ihnen gern die Autoren und ihr Team. An dieser Stelle noch ein Dank an alle Models und an Janja Großmann.

Viel Spaß beim Nachschminken wünschen Ihnen

Bettina Willaey

Schminktopf
Tullastr. 38
79108 Freiburg
Tel: 0761/500433
Fax: 0761/500446
www.schminktopf.de

SO WIRDS GEMACHT

Water-Make-up und Glimmer

Hochpigmentierte Theaterschminke auf Wasserbasis aus dem Fachhandel ist dermatologisch getestet und völlig hautverträglich, sodass sie auch für Allergiker (etwa bei Neurodermitis) geeignet ist. Nach dem Trocknen ist sie sogar berührungsfest. Schweiß einfach wieder trocknen lassen und während dieser Zeit nicht anfassen. Etwaige Regentropfen oder Tränen mit einem Kosmetiktuch aufsaugen. Water-Make-up ist leicht mit Wasser und Seife zu entfernen. Flecken in der Kleidung erst mit Kernseife vorbehandeln, dann in der Waschmaschine waschen.

Die Farben sind in unterschiedlichen Paletten oder einzeln in verschiedenen Größen erhältlich; sie können auch untereinander gemischt werden. Nach dem Schminken die Farben gut austrocknen lassen.

Polyester-Glimmer in verschiedenen Farben ist frei von Glas- oder Metallpartikeln und somit auch ungefährlich bei Kontakt mit Mund oder Auge. Glimmer mit feuchten Pinselhaaren auf Linien tupfen oder mit dem Pinselstiel „aufrollen". Glanzpuder für den feinen Glanz mit einem Rougepinsel auftragen.

Schwämme und Pinsel

Fein- bis mittelporige Schaumstoffschwämme eignen sich für die Grundierung am besten. Den Schwamm evtl. teilen. Er sollte so groß sein, dass die Finger nicht in die Schminke fassen.

Runde Rotmarder- und Toraypinsel (Größe 4 und 6), deren Haare in der Mitte länger sind als außen, ermöglichen aufgrund ihrer Elastizität sehr schwungvolle Linien. Mit flachen Toraypinseln flächige Blumen tupfen.

Grundausstattung

Folgende Dinge gehören zur Grundausstattung und werden in der Materialliste nicht mehr erwähnt.

- Make-up-Schwämmchen
- Pinsel Nr. 2, 4 und 6
- Feucht- und Kosmetiktücher zum Säubern und Korrigieren
- Wattestäbchen zum Entfernen von Make-up
- Viskose-Haushaltsschwamm zum Abstreifen des Pinsels und zu nasser Schwämme
- Warmes, sauberes Wasser
- Spiegel
- Bei sehr trockener Haut Feuchtigkeitscreme

Mit dem Schwamm grundieren

Ein paar Tropfen Wasser auf das Make-up geben und die Oberfläche mit der Schwammkante trocken wischen. Mit dieser Konsistenz können mit dem Schwamm harte Konturen und weiche Schattierungen erstellt werden. Dazu den Schwamm zwischen Daumen und Zeigefinger halten und ohne Druck in die erste Farbe hineinschattieren.

Ist die Farbe zu nass, den Schwamm über einem separaten Haushaltsschwamm abstreifen und erneut über das Make-up wischen. Für jede Farbe ein separates Schwämmchen verwenden. Nach dem Schminken die Schwämme mit Wasser und Seife und einer desinfizierenden Waschlotion reinigen.

Mit dem Pinsel arbeiten

Für fließende, schwungvolle Linien und Ornamente viel Wasser in das Make-up geben, den Pinsel hin- und herdrehen, nach außen über die Make-up-Oberfläche ziehen und zwischen Daumen, Zeige- und Mittelfinger nehmen. Einen geeigneten Stützpunkt suchen, um im rechten Winkel zur Haut malen zu können. Mit der anderen Hand Kontakt zum Model halten, um Bewegungen abzufangen.

Bei jedem Farbwechsel den Pinsel auswaschen und flach über einem feuchten Haushaltsschwamm abwischen.

Tipps & Tricks

Je nachdem, ob der Tropfen spitz oder flächig sein soll, einen spitzen oder einen breiten Pinsel mit den Haarspitzen senkrecht zur Haut ansetzen, dann nach außen so herunterdrücken, dass sich die Haare des Pinsels biegen.

Für einzelne Punkte den Pinselstiel in etwas flüssiges Water-Make-up tauchen und damit die Farbe auftupfen. Je nach Druck fallen die Punkte oder „Perlen" größer oder kleiner aus.

Um bis unter die Augen schattieren zu können, muss das Model nach oben schauen, ohne dass es den Kopf hebt. Auf diese Weise kann das Make-up sowohl mit dem Schwamm als auch mit dem Pinsel bis an die Wimpern aufgebracht werden.

MATERIAL

Farben

- Weiß
- Gelb
- Orange
- Rot
- Schwarz
- Blau
- Glimmer in Blau

Bunter Tiger

1 Mit dem Schwamm die Augenpartie, die Bäckchen und die Wangenfransen in Weiß auftragen.

2 Zuerst die gelben Flächen, dann die orangefarbenen und zuletzt die roten Stellen mit dem Schwamm hinzufügen. Dabei darauf achten, dass die Übergänge etwas überlappen, sodass die Farben ineinander übergehen (siehe Foto).

3 Mit dem Pinsel die weißen Zähne malen. Die Augen, Bäckchen und Zähne schwarz umranden; dabei die Augen an der Seite nur fransig betonen. Dann den Mund, die Nase, die Punkte und die Streifen malen.

4 Mit einem leuchtenden Blau die Akzente setzen. Blauer Glimmer auf der Farbe unterstreicht den Leuchteffekt.

MATERIAL

Farben

- *Weiß*
- *Hellbraun*
- *Dunkelbraun*
- *Rot*
- *Schwarz*
- *Glimmer*

Hundebabys

1 Die Schnauze und ein Auge weiß mit einem Schwamm grundieren. Die Schnauze hellbraun umranden, mit Dunkelbraun das Gesicht und das rechte Ohr grundieren. Das zweite Ohr in Hellbraun hinzufügen.

2 Auf die weiße Schnauze mit dem Pinsel eine rote Zunge malen.

3 Umrandungen, die Hundenase und Bartstoppeln in Schwarz anbringen. Die Augenbrauen schwungvoll hinzufügen.

4 Auf den Konturen und der Zunge Glimmer verteilen. Die Augenbrauen schwungvoll hinzufügen.

TIPP

Der Hund kann auch ohne Zunge gemalt werden.

MATERIAL

Farben

- *Weiß*
- *Beige*
- *Rotbraun*
- *Schwarz*
- *Hologrammglimmer in Gold*

Glitzermaus

1 Den Liddeckel bis über die Augenbrauen, die Mundpartie sowie unterhalb des Mundes die Zähne mit dem Schwamm weiß grundieren. Das Fell zuerst mit Beige auftragen, dann auf der Nase, an den Rändern und im Inneren der Ohren Rotbraun hinzufügen.

2 Mit dem Pinsel die Bäckchen weiß ausfransen und die Stirnlocke einzeichnen. Weiße Strähnchen seitlich des Gesichtes in das Rotbraun setzen.

3 Ohren, Augenbrauen und Schnurrhaare schwarz hervorheben, dann den Mund, die Nase und die Punkte malen. Die Zähne und die Stirnlocke schwarz umranden und seitlich ein paar Strähnchen setzen. Hologrammglimmer auf den schwarzen Linien auftragen.

MATERIAL

Farben

- *Gelb*
- *Orange*
- *Weiß*
- *Rot*
- *Dunkelbraun*
- *Hologrammglimmer in Gold*
- *Glanzstaub in Silber*

Süße Katzen

1 Von innen nach außen Gelb und Orange mit dem Schwamm auftragen.

2 Mit dem Pinsel erst gelbe Strähnchen malen, dann diese mit weißen Strichen hervorheben. Beim Katzenmädchen rote Farbe als Lippenstift auftragen, beim Katzenjungen die Zähne weiß einzeichnen.

3 Mit Dunkelbraun die Ohren, die Nase, die Schnurrhaare sowie die Striche und die Punkte hinzufügen (siehe Foto). Zum Schluss Glimmer auf die dunklen Linien auftragen. Beim Katzenmädchen etwas Glanzstaub auf der Nase verteilen.

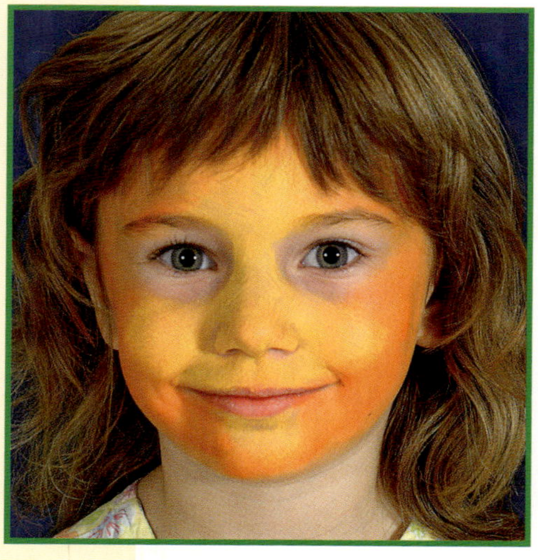

MATERIAL

Farben

- *Gelb*
- *Rot*
- *Weiß*
- *Grün*
- *Schwarz*
- *Glimmer*

Blumenbiene

1 Für jede Farbe einen eigenen kleinen Schwamm verwenden: Den Körper der Biene und die Blumenmitte rings um das rechte Auge gelb grundieren. Die Blütenblätter in Rot mit dem Schwamm malen, ebenso die kleine Blüte auf der linken Wange. Über dem linken Auge die Flügel weiß grundieren. Mit dem Schwamm ein Blatt auf der Stirn und eins neben der kleinen Blume in Grün andeuten.

2 Mit dem Pinsel die Blumenmitte in Gelb ausfransen und einen gelben Punkt in die Mitte der kleinen Blume setzen.

3 Die Konturen mit dem Pinsel in Schwarz anbringen. Den Mund rot schminken. Glimmer auftragen.

MATERIAL

Farben

- *Grün*
- *Braun*
- *Gelb*
- *Rot*
- *Weiß*
- *Schwarz*
- *Glimmer*

Kleine Raupe

1 Mit dem Schwamm die grünen Kreise als Gliedmaßen nebeneinander auftragen. Mit dem Schwamm die braune Erhebung malen.

2 Die Kreise mit dem Pinsel grün umranden. Die Fühler hinzufügen. Rote Punkte in die Mitte der Kreise setzen und mit gelben Halbmonden versehen.

3 Im Gesicht Backen und Kinn in Gelb andeuten. Augen und Zähne in Weiß aufmalen, die rote Zunge hinzufügen und alles schwarz umranden.

4 Am Körper und der Erhebung schwarze Akzente setzen. Die roten Punkte mit Glimmer betonen. Eventuell etwas Glimmer im Haar auftragen.

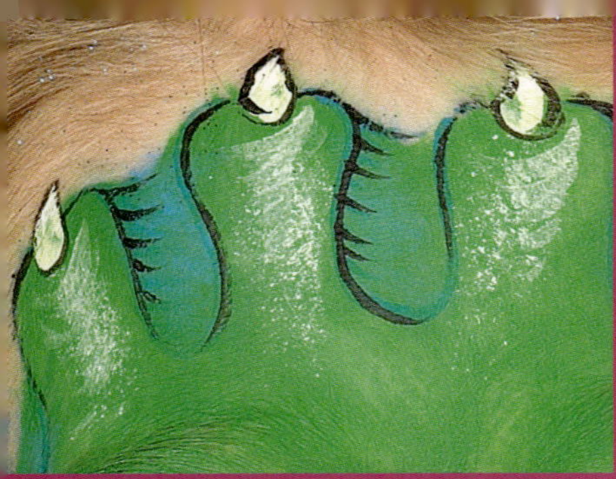

MATERIAL

Farben

- *Grün*
- *Blau*
- *Weiß*
- *Schwarz*
- *Glimmer*

Grüner Dino

1 Das Gesicht mit dem Schwamm grün grundieren. Mit dem blauen Schwamm den Kamm, das Kinn und die Wangen andeuten.

2 Das Gesicht mit dem Pinsel blau umranden. Weiße Zähne und Klauen malen. Mit dem weißen Schwamm hervortretende Stellen aufhellen.

3 Klauen und Zähne schwarz umranden und einige schwarze Akzente setzen. Den Mund schwarz anmalen. Etwas Glimmer auftragen.

MATERIAL

Farben

- Beige
- Weiß
- Braun
- Pink
- Schwarz
- Glimmer

Tasmanischer Teufel

1 Die Mundpartie und Wangen in Beige und die Augenlider bis zu den Augenbrauen mit dem Schwamm in Weiß grundieren. Die Zähne in Weiß mit dem Pinsel aufmalen.

2 Um die Augen und die Nase herum mit dem Schwamm Braun auftragen, bis das Gesicht bedeckt ist. Ohren, Hörner und Haarzipfel in Braun andeuten. Das Ohreninnere in Pink hinzufügen.

3 Mit dem Pinsel schwarze Konturen anbringen. Zum Schluss Glimmer auftragen.

TIPP

Der bei Kindern sehr beliebte Glimmer verleiht den Masken den besonderen Pfiff.

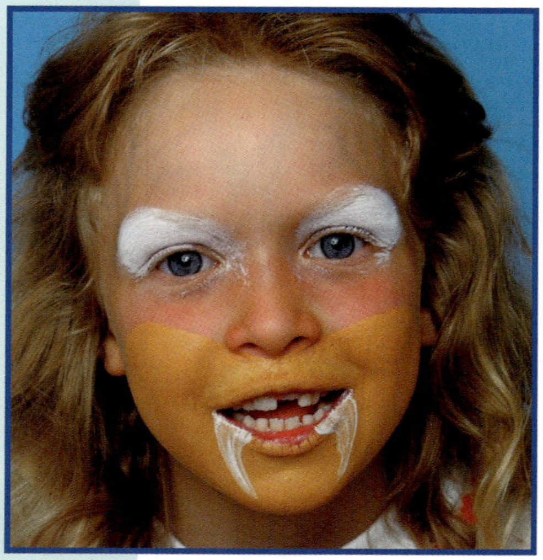

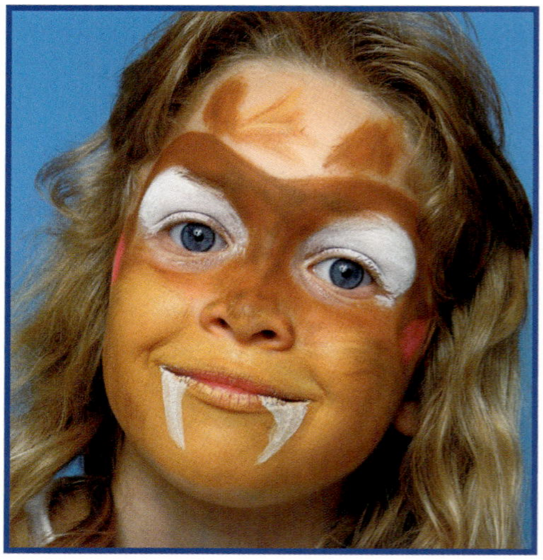

MATERIAL

Farben

- Weiß
- Blau
- Schwarz
- Pink
- Glimmer

Paradiesvogel

1 Den Paradiesvogel erst weiß, dann blau grundieren.

2 Mit einem feinen Pinsel zwei Flügel und einen fedrig leichten Schwanz zaubern. Dabei mit Schwung malen. Der Kopf ist wie ein Fragezeichen, das im unteren Bereich zwischen den Flügeln ausläuft. Das Auge ganz dicht an den Schnabel setzen und den Kopf mit einem Krönchen verzieren.

3 Auf die Gegenseite eine kleine Blume malen. Die Lippen pinkfarben schminken. Mit weißer Farbe und viel Glimmer Akzente setzen.

TIPP

Der Paradiesvogel ist auch in anderen Farben sehr effektvoll.

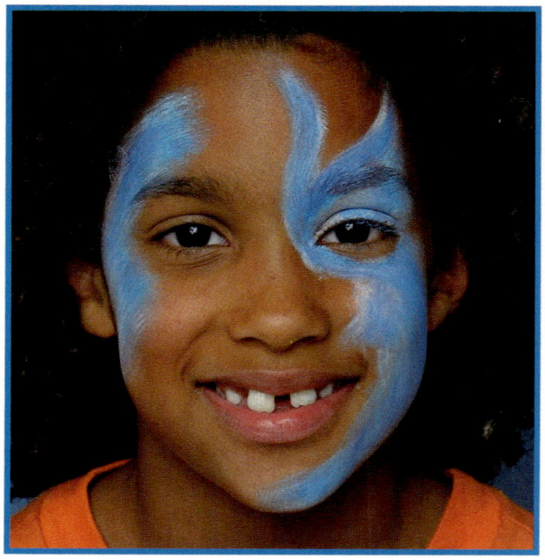

MATERIAL

Farben

- *Hellblau*
- *Pink*
- *Schwarz*
- *Weiß*
- *Glimmer*

Farbenfroher Pfau

1 Die Flügel des Pfaus um die Augen herum mit je einem Schwämmchen in Hellblau und Pink grundieren, dabei gleich die Form vorgeben.

2 Mit einem feinen Pinsel die Umrandungen in Schwarz malen: die Seiten fransig, die Unterkante in mehreren Rundungen. Den Vogelkopf wie den Haken eines Kleiderbügels malen und ganz am Ende den Schnabel ansetzen. Das Auge möglichst nah an den Schnabel malen.

3 Die weißen Lichteffekte mit einem Pinsel auf den Flügeln anbringen. Die Form des Pfauenkopfes mit Weiß betonen, ebenso das Auge und den Schnabel. Die Kopffedern hinzufügen.

4 Mit Pink einige Akzente setzen. Die schwarze Kontur mit etwas Glimmer betonen.

MATERIAL

Farben

- *Gelb*
- *Pink*
- *Violett*
- *Blau*
- *Türkisgrün*
- *Weiß*
- *Schwarz*
- *Bordeauxrot*
- *Glimmer*

Bunte Blumen

1 Zuerst Augenpartie und Nase mit Gelb grundieren, dann von außen zuerst Pink ins Gelb hineinschattieren und danach Violett ins Pink. Mit einem breiten flachen Pinsel die Blütenblätter in Gelb und Blau tupfen (siehe Seite 7).

2 Die Schnörkel für die Ranken in Türkisgrün malen. Dazu einen runden Pinsel verwenden. Mit demselben Pinsel die Blätter der Blumenranken tupfen. Weiße Lichter auf die Rankenenden und in die Blütenblätter setzen. Die Blütenkelche in Bordeauxrot oder in Weiß mit dem Pinselstiel (siehe Seite 7) tupfen, ebenso die weißen Punkte.

3 Mit Schwarz die Blüten umranden und die Schatten setzen. Wahlweise silbernen, blauen oder grünen Glimmer auftragen.

MATERIAL

Farben

- *Weiß*
- *Gelb*
- *Pink*
- *Bordeauxrot*
- *Hologrammglimmer in Gold*

Blumenclown

1 Mit dem Schwamm den Mund herzförmig in Weiß hervorheben. Jeweils ein Auge mit dem Schwamm blumenförmig in Gelb und Pink grundieren. Versetzt dazu einen Kreis auf Wange und Augenlider wischen. Die Nase in Pink betupfen.

2 Die Blumen und die Mundpartie mit dem Pinsel bordeauxrot umranden, die Lippen bemalen und Glimmer auftragen.

TIPP

So erkennen Sie den ungefährlichen Polyester-Glimmer: Sie spüren beim Reiben zwischen zwei Fingern keine Partikel.

MATERIAL

Farben

- Helles Türkis
- Dunkelgrün
- Weiß
- Gelb
- Rot
- Schwarz
- Glanzstaub in Silber
- Glimmer in Perlmutt
- Glimmer in Grün

Meeresprinzessin

1 Mit dem Schwamm dunkelgrüne Flügelkonturen um die Augen herum andeuten und mit einem hellen Türkis ausschattieren. Silbernen Glanzstaub mit dem Rougepinsel auftragen. Weiße Sterne mit dem Pinsel auf die Wange und am Mundwinkel malen, auf der Stirn eine Muschel platzieren.

2 Sterne und Muschel gelb übermalen. Mit Schwarz die Linien zeichnen, Sterne und Muschel umranden, dann gelbe Perlen tupfen (siehe Foto Seite 7). Lippen rot anmalen und Perlmuttglimmer auftupfen. Grünen Glimmer auf schwarze Linien geben.

MATERIAL

Farben

- *Mittelblau*
- *Dunkelblau*
- *Weiß*
- *Gelb*
- *Rot*
- *Glanzstaub*
- *Schwarz*
- *Glimmer*

Glitzerndes Weltall

1 Mit dem Schwamm zuerst Mittelblau und dann Dunkelblau von innen nach außen ineinander schattieren. Mit dem weißen Schwamm die Formen für die Planeten, die Kometen und das Raumschiff auftupfen. So werden die Farben später leuchtender.

2 Die Sternennebel in Weiß mit dem Stoppelschwamm mit wenig Druck leicht auftupfen. Mit einem Rougepinsel etwas Glanzstaub über das gesamte Gesicht streichen. Gelb und Rot mit einem Schwämmchen auftupfen. Mit dem Pinsel den Ring um den Planeten malen und die Sterne einzeichnen. Den Pinselstiel in flüssiges Weiß tauchen und Lichter tupfen.

3 Dem Kometen und den Sonnenplaneten mit einem feinen schwarzen Pinsel eine zittrige Kontur geben. Saturn und Ring mit einem etwas dickeren Pinsel geradlinig umranden. Mit dem feuchten Pinsel etwas Glimmer auf die schwarzen Linien und auf die Sterne geben.

MATERIAL

Farben

- *Mittelbraun*
- *Rotbraun*
- *Gelb*
- *Blau*
- *Rot*
- *Türkis*
- *Schwarz*
- *Glimmer*

Indianer & Squaw

Indianer

1 Das ganze Gesicht mittelbraun grundieren. Mit einem ganz schwach angefeuchteten Schwämmchen Rotbraun als Rouge auf die Wangenknochen setzen. Zusätzlich gut deckende gelbe Streifen auf Wangen, Nasenrücken, Kinn und Stirn auftragen.

2 Mit dem Pinsel die Streifen mit Blau und Rot begrenzen. Nach Belieben noch einige Muster integrieren.

3 Die Augenbrauen großzügig schwarz nachziehen und eventuell noch einen Lidstrich setzen. Die Konturen und Augenbrauen mit Glimmer betonen.

Squaw

1 Das Gesicht mittelbraun grundieren, mit Rotbraun die Wangen betonen und gelbe Wangenstreifen mit dem Schwämmchen auftragen.

2 Mit einem Pinsel das Stirnband sowie Punkte auf die gelben Streifen in Türkis malen. Die Streifen mit Blau und Rot eingrenzen und die Lippen mit Rot nachziehen. Der Stein auf der Stirn wird deckend in Gelb mit dem Pinsel aufgesetzt.

3 Augenbrauen und Konturen im Stirnband in Schwarz hinzufügen. Mit einem feinen Pinsel einen Lidstrich ziehen und den Stein umranden. Mit Glimmer verzieren.

MATERIAL

Farben

- *Weiß*
- *Hellblau*
- *Gelb*
- *Dunkelblau*
- *Rot*
- *Glimmer*

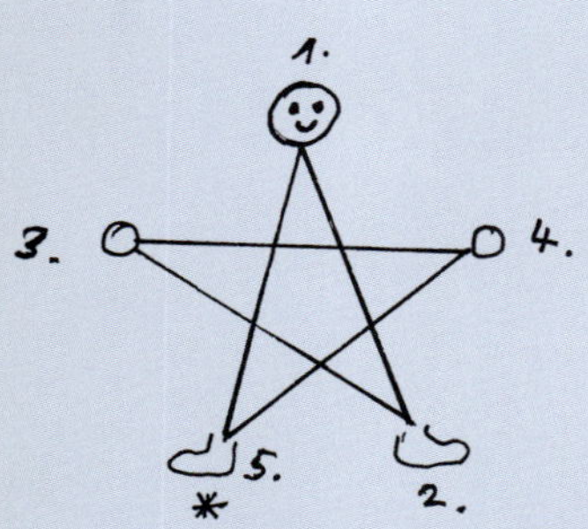

Sternenkind

1 Wangen und die Flügel auf der Stirn mit dem Schwamm erst weiß, dann hellblau grundieren.

2 Den gelben Stern mit einem Pinsel malen und mit Glimmer betonen. Schnörkel und Konturen in Dunkelblau anbringen.

3 Den Stern rot umranden und die Lippen rot schminken. Mit Weiß Akzente setzen und kleine Sterne malen.

4 Lippen, Sterne und einige Konturen mit Glimmer betonen.

TIPP

Damit der Stern gut gelingt, hier ein Trick: Denken Sie sich ein Männchen mit ausgestreckten Armen und verbinden Sie ab dem Sternchen Kopf, Füße und Hände miteinander.

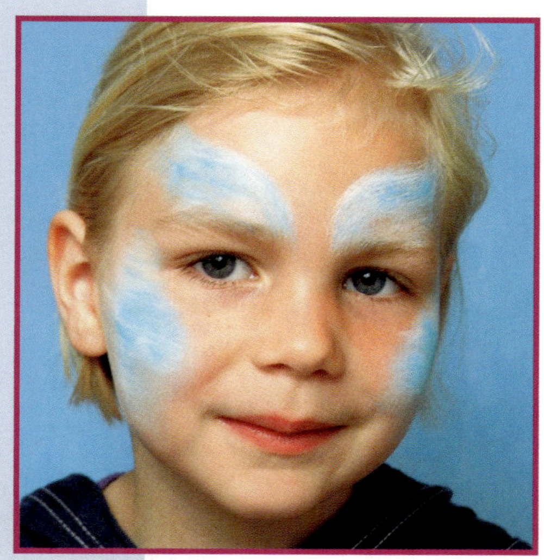

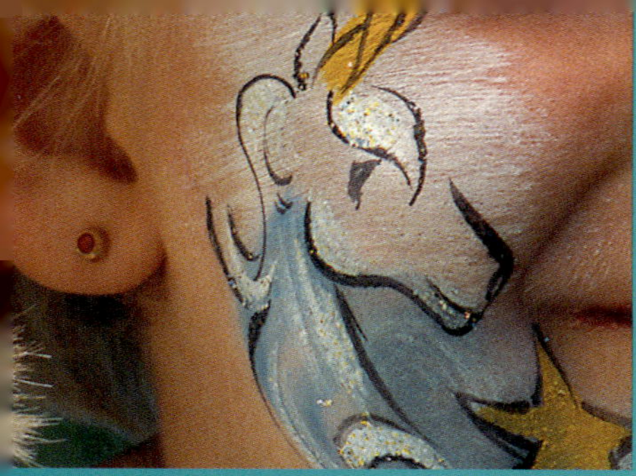

MATERIAL

Farben

- *Weiß*
- *Blau*
- *Gelb*
- *Rot*
- *Schwarz*
- *Glimmer*

HINWEIS

Unter Wölkchentechnik wird das Tupfen des Schwämmchens mit gleichzeitiger Drehbewegung verstanden.

Einhorn

1 In der "Wölkchentechnik" auf der linken und rechten Wange zuerst Weiß und anschließend Blau auftragen. Mit dem blauen Schwämmchen abschließend den ersten Streifen des Regenbogens ziehen. Darüber folgen - ebenfalls mit dem Schwämmchen aufgetragen – ein gelber und ein roter Streifen.

2 Gelbe Farbe mit dem Pinsel aufnehmen und die Sterne und das Horn malen. Mit Schwarz das Einhorn zeichnen und die Sterne umranden.

3 Zuletzt den Lippenstift mit rotem Water-Make-up auftragen. Mit Glimmer die Lippen, die Wolken und den Regenbogen verzieren.

MATERIAL

Farben

- *Hellblau*
- *Mittelblau*
- *Schwarz*
- *Weiß*
- *Glimmer*

Venezianische Maske

1 Mit einem Schwamm die Augen hellblau grundieren. Dann mit Mittelblau die hellblaue Grundierung umranden.

2 Die Maske mit Ranken oder feinen Strichen verzieren. Weiße Striche dienen der Auflockerung.

3 Mittelblaues Water-Make-up als Lippenstift auftragen. Glimmer auf den Verzierungen und auf dem Mund nicht vergessen.

TIPP

Die Grundierung bei geschlossenen Augen auftragen. Nach Öffnen der Augen darauf achten, unter den Augen nachzugrundieren.

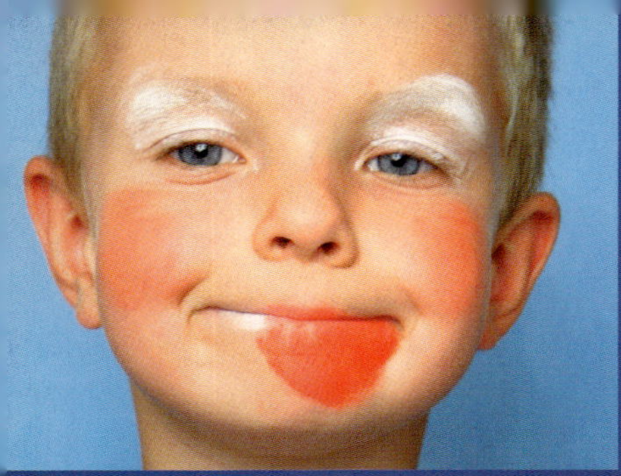

MATERIAL

Fratz & Frechdachs

Farben

- *Hautfarbe*
- *Rot*
- *Weiß*
- *Dunkelbraun*
- *Schwarz*
- *Glimmer*

Anleitung Seite 46

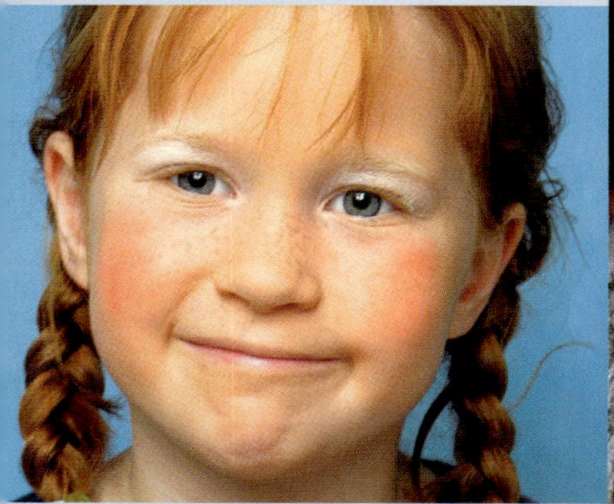

MATERIAL

Farben

- Grau
- Schwarz
- Glanzstaub in Silber
- Glimmer

Kleiner Roboter

1 Das ganze Gesicht bis auf das Visier mit dem Schwamm grau grundieren. Wahlweise auch die Haare mit Zahnbürste und Wasserschminke einfärben. Silbernen Glanzstaub mit der Puderquaste auftupfen und vorsichtig verwischen.

2 Die Metallplatten mit dem Pinsel schwarz einzeichnen und die Schrauben mit dem Pinselstiel tupfen. Glimmer nach Wahl auftragen.

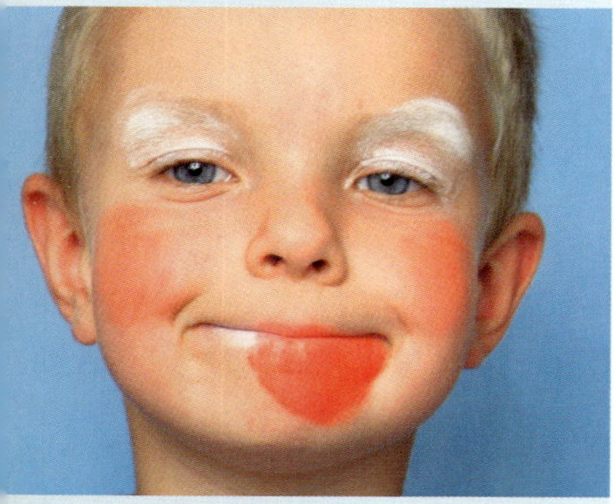

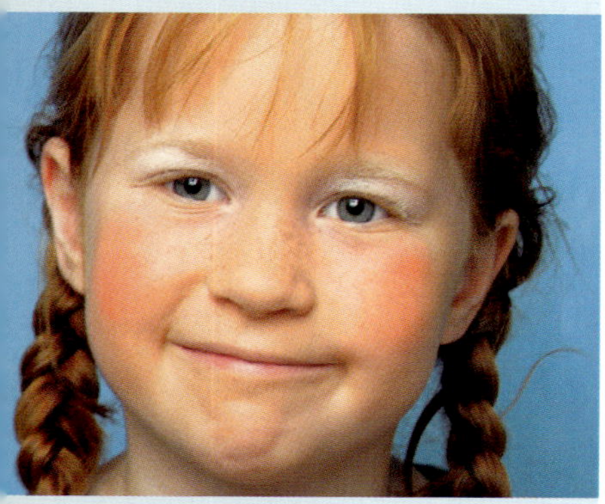

Fratz & Frechdachs

Abbildung & Materialangaben Seite 44/45

1 Das Gesicht mit Hautfarbe grundieren. Mit dem fast trockenen Schwamm Rot auf die Backen und beim Frechdachs zusätzlich auf die Nase auftragen. Die Augenlider mit Weiß aufhellen.

2 Sommersprossen und Augenbrauen mit Dunkelbraun malen. Beim Fratz die Lippen rot schminken und die Augenfältchen in Braun anbringen. Beim Frechdachs die Zunge rot aufmalen. Mit Schwarz jeweils die Konturen zeichnen.

3 Zum Schluss Glimmer aufbringen. Eventuell die Haare mit Water-Make-up und einer alten Zahnbürste in Orange einfärben.

MATERIAL

Farben

- *Schwarz*
- *Rot*
- *Gelb*
- *Glimmer*

Pirat & Teufel

1 Beim ***Piraten*** die schwarze Augenklappe mit dem Schwamm auftragen.

2 Mit einem Pinsel die Augenklappe schwarz umranden. Den Bart, die Augenbraue und auf der rechten Wange neben dem Schnurrbart den Umriss einer Wunde in Schwarz malen. Das rote Blut in der Wunde und den gelben Ohrring auf dem linken Ohrläppchen anbringen. Alles mit Glimmer betonen.

1 Beim ***Teufel*** die Wangen mit dem Schwamm leicht rot grundieren. Mit einem Pinsel gelbe Flammen und Hörner aufmalen.

2 Augenbrauen und Bart wie bei dem Piraten zeichnen und die Hörner schwarz umranden. Glimmer aufbringen. Eventuell auf dem Oberkörper weitere Flammen hinzufügen.

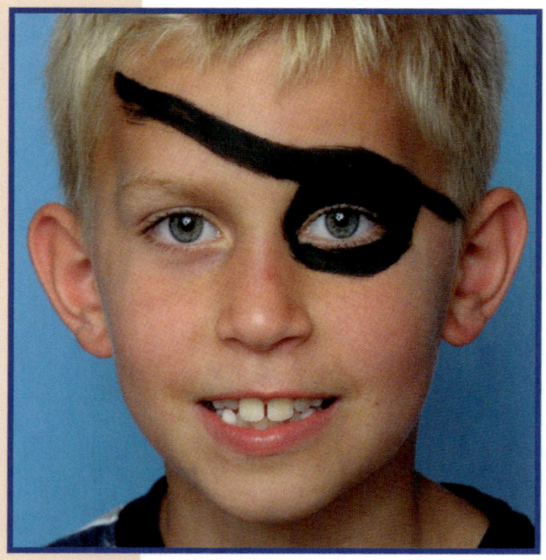

MATERIAL

Farben

- Weiß
- Grau
- Schwarz

Graf Dracula

1 Das ganze Gesicht mit dem Schwämmchen weiß grundieren. Die Lippen mit einem Pinsel grau färben. Die Augenlider bis zu den Augenbrauen hinauf tropfenförmig mit einem Pinsel grau bemalen. Darauf achten, dass die aufgezeichneten Gesichtszüge symmetrisch sind.

2 Mit einem schwarzen Pinsel den Haaransatz bogenförmig gestalten, die spitzen Koteletten, die Brauen und den Bart auftragen.

3 Unter die Augen dunkelrote Striche setzen.

TIPP

Lidstriche unter den Augen lassen sich am besten ziehen, wenn das Kind nach oben schaut.

MATERIAL

Farben

- *Weiß*
- *Grau*
- *Schwarz*
- *Türkisgrün*
- *Glimmer in Blau oder Grün*

Monsterhai

1 Die Kinnpartie und die Augenpartie bis zu den Augenbrauenbögen mit dem Schwamm weiß hervorheben. Den Kopf des Hais in Grau grundieren und mit Schwarz die übrigen Partien auf der Stirn zurücktreten lassen. Den Mund des Hais schwarz andeuten. Die Haare mit einer Zahnbürste schwarz einfärben.

2 Mit dem Schwamm türkisgrüne Akzente auf die Stirn, die Wangen sowie die Nase und die Augenbrauen setzen und mit einem runden Pinsel weiße Zähne tupfen. Weiße Kiemen und weiße Striche auf die Stirn aufmalen.

3 Augen, Abgrenzung zur Stirn, Nasenlöcher, Maul und Kiemen mit dem schwarzen Pinsel einzeichnen und weiße Lichter setzen. Blauen oder grünen Glimmer auftragen.

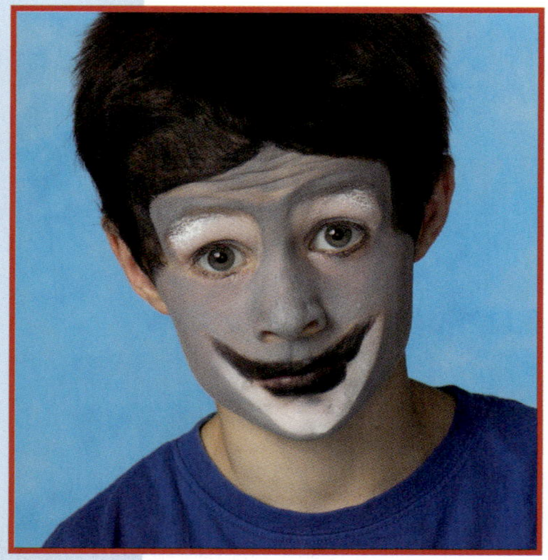

MATERIAL

Farben

- Weiß
- Silberweiß
- Goldgelb
- Hellblau
- Mittelblau
- Dunkelblau
- Schwarz
- Glimmer

TIPP

Die Grundierung bei geschlossenen Augen auftragen. Trocknen lassen. Augen öffnen, nach oben schauen und unter den Augen nachgrundieren.

Geisterstunde

1 Um das linke Auge herum den Mond weiß grundieren. Um den Mond mit dem hellsten Blau beginnend mit der Grundierung fortfahren, das dunkelste Blau schließt nach außen hin ab und bezieht die Oberlippe mit ein.

2 Den Mond mit einem Schwämmchen goldgelb einfärben. Mit silberweißen, waagerechten Strichen den Mondschein andeuten. Dafür einen feinen Pinsel verwenden.

3 Schwarze Fledermäuse und Vögel mit einem feinen Pinsel aufmalen. Die Oberlippe schwarz umranden, die Unterlippe schwarz einfärben und die Mundwinkel etwas nach außen ziehen.

4 Glimmer auftragen.

MATERIAL

Farben

- *Weiß*
- *Rot*
- *Grau*
- *Schwarz*

Joker

1 Das Gesicht mit dem Schwämmchen weiß grundieren. Augenschatten und den Haaransatz bogenförmig mit einem Pinsel in Grau einfärben. Die Wangen mit einem schrägen grauen Pinselstrich, der mit einem fast trockenen Schwämmchen nach unten verwischt wird, betonen. Darauf achten, dass die aufgezeichneten Gesichtszüge symmetrisch sind.

2 Die Nase mit dem Pinsel rot färben, dabei sehr breite Nasenflügel malen. Mit dem Pinsel in Weiß auf Ober- und Unterlippe eine Zahnleiste zeichnen, dabei zwei Fangzähne in den Mundwinkeln andeuten. Um die Zähne herum, also außerhalb der Lippen des Kindes, mit dem Pinsel einen roten Mund auftragen.

3 Brauen, Zahnumrandungen und senkrechte Striche an den Augen mit einem feinen Pinsel in Schwarz anbringen und Lidstriche ziehen. Mit einem grauen Pinsel die Zahn- und die Augenkonturen nochmals nachziehen.

MATERIAL

Farben

Hexe

- *Türkis*
- *Grau*
- *Grün*
- *Schwarz*

Monster

- *Weiß*
- *Türkis*
- *Grau*
- *Grün*
- *Schwarz*
- *Dunkelrot*

Hexe & Monster

Hexe

1 Das Gesicht türkis grundieren. Mit dem nur wenig angefeuchteten Schwamm die Wangen und die Augen leicht mit Grau betonen.

2 Die Fältchen werden mit grüner, das Spinnennetz, die Augenbrauen und die Lippen mit schwarzer Farbe gemalt. Glimmer auftragen.

Monster

1 Um den Mund herum mit dem Schwämmchen weiß grundieren, den Rest des Gesichts türkis, in die Augenhöhlen schwarz.

2 Falten und den Bereich um die Nase mit Grün, die Augenbrauen, Zähne und Härchen mit Schwarz zeichnen. Die Zähne mit Dunkelrot nachmalen, um Blut anzudeuten.

3 Das Monster sieht noch gruseliger aus, wenn die Haare ein wenig auftoupiert und farbige Strähnen mit der Zahnbürste in die Haare gezogen sind.

TIPP

Schneiden Sie Fratzen und ziehen Sie die Stirn hoch, um herauszufinden, wo Sie die Fältchen am realistischsten setzen können.

MATERIAL

Farben

- *Weiß*
- *Silber*
- *Grau-Metallic*
- *Schwarz*
- *Glimmer*

Spinnenmaske

1 Das Gesicht flügelförmig mit dem Schwamm weiß grundieren, dabei die Augen aussparen. Nach dem Trocknen Silber darüber legen.

2 Mit einem feinen Pinsel Netz und Spinne aufzeichnen, dabei für das Netz die Nasenwurzel als Ausgangspunkt wählen.

3 Die Lippen mit einem dickeren Pinsel in Silber bemalen, mit einem feineren Pinsel die Konturen schwarz nachziehen. In Weiß das Kreuz auf die Spinne malen.

4 Graue Schatten in das Netz setzen und Glimmer auf die schwarzen Linien und den Mund auftragen.

TIPP

Die beiden Seiten des Spinnennetzes sollten symmetrisch sein. Betrachten Sie die Grundierung mit etwas Abstand, so erkennen Sie Ungenauigkeiten am besten und können sie ausbessern.

Impressum

Autor & Autorin:

René Reiche, Seiten 8 – 11, 16 – 27, 36 – 45, 48 – 51, 54 – 61

Bettina Wilberg, Seiten 12 – 15, 28 – 35, 46/47, 52/53

Abbildungen:

Andreas Gerhardt, Seiten 16/17, 22 – 25, 38/39, 44/45, 48/49

Peter Nielsen, Seiten 8/9, 18 – 21, 26 – 35, 46/47, 50 – 57, 60/61

René Reiche, Seiten 12 – 15

Christoph Schmotz, Seiten 10/11, 36/37, 40 – 43, 58/59

Printed in Germany
ISBN 978-3-419-53380-2

Redaktion: Irmgard Böhler, Wiesbaden

Layoutentwurf: Network!, München

Produktion & Gestaltung: smp, Freiburg

Druck: Himmer AG, Augsburg